三浦知良
伝説の言葉

蹴音

はじめに

本書は、三浦知良選手の考えの核心を直に吸収できる名言集です。

ブラジルで18歳でデビューして以来、プロサッカー選手として20年以上も現役であり続ける三浦知良選手の経験や頭脳のいちばんいい部分を、もしも、そのまま、あなたの頭脳に移植してみたら、あなたの仕事のやりかたは、ずいぶん変わるかもしれません。自分を鍛えてみたい人のために、この本は最適だと思います。

三浦知良選手が日本を代表するサッカー選手のひとりであることに異論のある人はいないはず。カズがカズとしての長所を伸ばしてきた理由を知ることは、日本人がサッカーの世界で成功する方法を知るためには必要でしょう。そして、彼が試行錯誤してきた道程を振り返り、理解することは、すべての人がそれぞれの〝仕事〟を進めるうえで役に立つはずです。

どのページからでも、三浦知良選手の考えを眺めてみてください。肯定したり否定したりしながら一冊を読み終えた後には、「あ、私は今、カズのような目で世界を見ている」と、発想の変化に驚かれるかもしれません。「自立した人間として継続して仕事で結果を出すこと」に興味がある方には、何度も読み直せる本にもなっています。

本書は、三浦知良選手の過去の公式発言を集めた、5つの章から成り立っています。

「逆境から立ち上がる」の章では、今、試練の時を迎えている人に勇気を与えるような言葉を選びました。「プロであり続ける」では、三浦知良選手の勝負師としての経験が存分に引き出されている言葉を、「勝負の世界を楽しむ」では、厳しい仕事のなかでも明るくなければ生きていけないというカズならではの発想からくる言葉を選びました。「信じた道を進む」では、どんな立場の人でもやる気をかきたてられるようなハングリー精神に満ちた言葉を抜き出しました。「未知の領域の挑む」では、開拓者としての歩みのひとつひとつが綴られています。

読みすすめると、三浦知良選手が「サッカーはどこでもできるんです」とくりかえし発言している理由もわかりますし、長い時間をかけて何かを極めていく人にとって刺激になる言葉があふれています。彼の人生観がわかるような言葉も数多く並んでいますので、もしかしたら、あなたのイメージとは違う「三浦知良」というひとりの人物に出会えるかもしれません。

Book Design：出田 一・松坂 健（TwoThree）
Cover photo：近藤 篤　　協力：スポルティーバ

第1章

逆境から立ち上がる

1994年ワールドカップ予選の"ドーハの悲劇"、1998年フランスW杯直前の代表漏れ……カズは数多くの試練に耐えてきました。15歳でブラジルに渡ってから常に困難と背中合わせだった彼の、危機感や耐久力の重要性を示す言葉が並んでいます。試練のなかにいる人にこそ、ぜひ読んでもらいたい章なのです。

日本代表としての誇りと魂はフランスに置いてきた。

1998年、フランスW杯に出場できなかったことについての、帰国会見での発言。

日本代表から外されたからと言って、
サッカーをやめる理由にはなりません。

フランスW杯の直前で日本代表から外れて帰国したときのことを振り返った言葉。
「もちろん代表のユニフォームを再び着たいという目標はあります。でも大きな目標よりも、1試合1試合、チームを勝利に導いていきたいという気持ちでいるんです」

ほめられてもけなされても、
自分を信じてプレイをしている。

1999年9月、京都パープルサンガ在籍時の発言。
クロアチア・ザグレブから京都パープルサンガに移籍した最初の試合で、カズは2得点をあげた。「なぜ大舞台でゴールを決められるのか」と訊かれ「はっきりとはわからないけど……」と答えたときの言葉。

負けるべくして負けたんだ。

1993年10月、"ドーハの悲劇"のことを思い出した言葉。

「歴史が浅かった……それがすべてだと思う。出場の夢が断たれたときの、どんよりと沈んだ瞬間は、生涯忘れられないし、感傷的な言葉で表現することは、絶対にできません」

言葉にしても、わかってもらえないと思う。
体の深いところにしみついているものだから。

1995年、イタリア・ジェノアでの1年を終えたときの発言。
「どういう気持ちでぼくが戦ってきたのか、サッカーに対してひとつひとつのことをどれぐらい考えながらやってきたのかは、わかってもらえないと思う」

勝てないときには、叩かれればいい。
精神的にプロにならなきゃいけない。

1991年4月、読売サッカークラブ（現東京ヴェルディ1969）在籍時の発言。
「ブラジルの新聞は、負けたときにはボロクソに書きますからね。でも、次の日によかったら思い切りほめてくれればいいんですよ」

サッカーをする毎日はいつも１００％だから、
ぼくなりの完全燃焼感があったんだ。

1995年、イタリア・ジェノアでの1年を終えたときの発言。

「数字的には成功ではなくても、与えられたなかで自分で悔いのないようにやったと思いますから」

成功かどうかは、これからの自分次第だと思う。

1995年、イタリア・ジェノアでの1年を終えたときの発言。
「34試合のうちに21試合に出たのは事実だからね。みんな簡単にいろいろ言いますけど、ふつうはベンチにも入れないんですから。どういう世界かは、自分で行った人にしかわからないと思います」

自分との戦いなんだと、いつも思っていた。

1995年、イタリア・ジェノアでの1年を終えたときの発言。
「戦っている相手は、セリエＡでもイタリアのチームでもジェノアでもなかったんです。おかげで、自分のなかの足りないものや、自分がこれからやらなければいけないことがわかりました。日本の選手としてやらなければいけないことがわかったことは大きいと思います」

このチームが最後だ、と言わないよ。

2005年8月、横浜FCに移籍時の言葉。

「クロアチアが最後だ、京都が最後だ、神戸が最後だ、といつも思っていましたが、これ以上言っているとウソつきになっちゃいますから。もともと25歳ぐらいのころは、32歳ぐらいまでやってスパッとやめるんだろうなと思っていましたし」

俺たちはこんなところで死ねない。
こんなところじゃ死ねねーんだよ!

1997年のフランスW杯予選。アウェイのウズベキスタン戦(1対1で引き分け)後のホテルで、荷物をスーツケースに入れながら叫んだ言葉。

神から与えられた試練だと思う。
逆境をはねのける強さを持てということ。

1995年1月、セリエAでの試練のときを語る言葉。
「イタリアでは、ヨーロッパと南米以外の選手はいらないという意識があるんです」

一生懸命に練習して、チャンスを待つしかない。
悔しさはすべて練習にぶつけた。

1995年1月、セリエAでの試練のときについて語る言葉。
「そりゃあ、出場できないままゲームが終わってしまうと悔しいよ」

勝負は次の日から始まるし、サッカーはずっと動いている。

"ドーハの悲劇"について問われたときのセリフ。
「苦い経験は消えないものだから、いつまでもこだわっていたら次にプレイができない。ただ、ショックというのは、やわらぎはするけど、なかなか消えるものじゃないですよ」

うれしさは、一瞬喜べば消える。
悔しいと、あとから胸が痛むんだ。

1998年9月、出場できなかったフランスW杯についての発言。
「フランスW杯のとき、最初は淡々としていましたけど、テレビで見る段階になって胸が痛み、さびしさを感じました」

日本には本当のプロは少ない。
危機感を持つ選手は数えるほどしかいない。

1994年2月、ヴェルディ川崎（現東京ヴェルディ1969）在籍時の発言。
「サッカーが日本を代表するスポーツになったことは心からうれしいですけど、日本の選手は、ほのぼのとやっているでしょう。ブラジルで感じていた、息苦しいぐらいの重たい空気と、ゾクゾクするような殺気立った雰囲気は日本ではまだ感じられません」

危機感を持てなくなったら終わり。

1994年2月、ヴェルディ川崎在籍時の発言。
「年をとるほど、危機感が増してくる。だから、練習して練習して、誰よりも長くボールを蹴ってきたんです」

パスをもらえないこともある。
解決するには、プレイで信頼を勝ちとるしかない。

ブラジル以来のカズの苦境の打開策。

ミスをするのは仕方がないけど、
無責任な選手がいると、試合には勝てない。

1997年、ヴェルディ川崎在籍時の発言。
「強いプレイをしなければいけない。
昔も今も関係がありません」

お客さんが入らないサッカーを知っている選手は、
勝ちたい気持ちを前面に出して試合に臨んでいた。

1997年、日本代表についての発言。
「みんな苦しいときの日本のサッカーを知っている。あのときの環境が、闘志を表に出させたんだと思います」

勝ちたい気持ちで負けたことが悔しかった。

1997年、アジア杯準決勝でクウェートに負けたときの発言。
「相手がゴールを決めたときの喜びようが、すべてを表しています。サブの選手やスタッフまで、ベンチから総出で大喜びしていましたからね」

悔しくて、悲しくて、みんなの前で泣いてしまった。

1993年、"ドーハの悲劇"のときのエピソード。
「ワールドカップの最終予選が終わった瞬間、いろんなことがよみがえってきました。15歳でブラジルに行ったときのから、アジア杯で優勝したシーンまで次々と」

いい精神状態でサッカーに臨むことが大事。
それが、ゴールや勝ちにつながる。

2005年10月、横浜FC在籍時の発言。
「昔は、ゴールや勝ちしか考えられませんでしたけど」

「俺にはサッカーしかない」が、
プロ選手になるためにいちばん必要な気持ち。

1986年、ブラジルのサントスFC在籍時、日本人のブラジルへのサッカー留学についての発言。

やるのは俺たちなんだから。
誰もやってくれないんだから。

1997年3月、日本代表戦のハーフタイムでチームメイトに言った言葉。
「戦術におぼれたら絶対に負けますからね、俺たちがやらなきゃいけないんだぞ、と言いました」

状況を打開するのは、自分たちの勝ちたいと思う気持ち。

1997年3月、日本代表の戦いについての発言。

「監督の言葉や、まわりの言葉が入りすぎちゃうと、自分で考える能力や直す能力がすごく薄れてくる。誰かが何か言ってくれるんじゃないか、誰かがこういうふうにしてくれるんじゃないかと思ってしまうときがあるけど、そんなのはないんです」

この悔しさを、いかに次につなげるか。
毎日の練習で、どう出していけるか。

1998年、日本代表が敗北したときのセリフ。
「今回の悔しい気持ちをみんながどれだけ持っているのか。ぼくは非常に恥ずかしかったし、情けなかったのですが……」

何を言われてもいいじゃないか。
自分がやるしかないんだからね。

1999年2月、クロアチア・ザグレブ在籍時の発言。
「だから、変な気負いはないんです」

ぼくは、自分自身に対して、悔しかった。

1998年のフランスW杯に出場できなかった悔しさについての発言。
「ぼくは見返すなんて言葉は使わないんです。自分が満足できるかできないか、自分が一生懸命やれたかやれなかったか、自分がうまくやれたかやれなかったか、それだけなんです」

引退は考えていない。
サッカーをプレイすることが好きだし、
選手として成長したいと思っているから。

2005年8月、横浜FCに移籍したときの言葉。
「年齢的に衰えていないと言えばウソになるけど、まだまだできる仕事はあるし、やりたいという情熱がある。現場の選手やクラブの人とペアを組むことで自分のマイナスをプラスにしていけると思うんです」

焦りは、何をしても拭い去れなかった。

1993年10月、"ドーハの悲劇"後の
数週間の気持ちを思い出した言葉。

ワールドカップに出なければ世界では認められない。

1995年（日本がW杯に出場する3年前）イタリア・ジェノアで1年を終えたときの言葉。

「国際試合をひとつひとつ積み重ねていかなければ認めてはもらえないんだ、ということを、イタリアでは強く感じました」

途中から出場したゲームに勝ったことで、
翌日の練習から、扱いが変わった。

1994年からの、イタリア・ジェノアでの経験を語る発言。
「監督が、ようやく、いいプレイをしたときにはいいと言ってくれるようになりました。監督との信頼関係ができるまで1ヵ月以上かかったんです」

セリエAでは、選手ひとりひとりが完全な商品。
だから、お金にならないことはあんまりしない。

1995年8月、イタリア・ジェノアでの挑戦についてたずねられたときの言葉。
「向こうは選手を有名にして高く売ろうとしています。買うときもその発想です。こういうことは話してもなかなか伝わりにくいと思いますが。政治的要素がすごく多くて、生々しすぎるんです」

サッカーの世界のなかにも、人種差別はある。
だけど、ぼくは全然、腐ることはない。

ブラジルとイタリアのリーグにおける人種差別についての発言。
「いつも目標があれば大丈夫なんです。『これが人生だ、たいしたことない、これくらい苦労しなきゃダメなんだ』って言い聞かせていましたから」

数分間、あるかないかの出場機会のためだけに
1週間、練習に集中して、どう体調を保つのか。

1994年からの、イタリア・ジェノアでの経験を語る発言。
「自分のやるべき仕事が見つかるまでは、肩も凝ったし、ストレスもたまりました。ジェノアのなかで自分がどうすればいちばん生きるのかを見つけてからは、やりやすくなりましたけど」

自分のサッカー人生の先が見えてしまうのは嫌だ。
満足しちゃいけないんだ、外に出るべきだと思った。

1994年6月、イタリア・ジェノア移籍時の発言。
なぜイタリアに行きたいのかと問われたときのセリフ。

やっていけるかどうかは、本当は心の問題だと思う。
精神力のコントロールが、いちばんむずかしいんだ。

プレイの質について問われるときに、カズが何度か言っている言葉。
「ブラジルで18歳でプロになったときに、このままいけるかなと思っていたのに壁に直面してしまった。あのときは、まわりからの重圧で精神的に自分をコントロールできなかったんですね」

振り返っている場合じゃない。

1993年の"ドーハの悲劇"や、1998年のフランスW杯について訊かれたときの言葉。
「もしも自分がサッカーをやめて、冷静にいろいろ振り返る時期がきたら話せることなんだろうけど。悔しかったから話したくないというのとは違うんですけど」

迷うと、走りに行く。

2001年2月、ヴィッセル神戸在籍時の発言。

「サッカーのことに関しては、グラウンドにいるときがいちばん落ち着く。だから実は、『カズは終わった』とか言われたときも、そんなにつらくなかったんです」

結論は、がんばろうということになる。

2001年2月、ヴィッセル神戸在籍時の発言。
「最終的にはいつも、何かあったときには、自分の力が足りなかったなと思っちゃうんですよね」

第2章

プロであり続ける

ここでは、三浦知良選手の努力の蓄積や判断基準などが語られています。何かに迷っている人が読んだら、いくつもの修羅場をくぐり抜けてきたカズの迫力を感じながら、ヒントを得られるかもしれません。

足に魂込めました。

1992年のアジアカップ予選、日本代表対イラク代表で決勝点を決めたときのセリフ。

お金をもらうからプロじゃない。
どんなときでも手を抜かず、
全力で戦うからプロなんだ。

2006年1月、シドニーFCから横浜FCに復帰した際の発言。
ブラジル時代の経験に基づく理想のプロサッカー選手像を語った。「そこを勘違いしている選手が最近多い」と続けている。

「俺の力で、チームを勝たせることができる」

自信があるかないかは、そう思えるかどうか。


1999年1月、クロアチア・ザグレブ移籍時の発言。

「今はその自信があるから引退は考えていません」

評価される金額でなければ、絶対に大事にされない。

金銭についてのカズの持論。
「そういうことはブラジル時代に学びました。500万円の選手と5億円の選手なら、クラブが5億円の選手を大切にするのは当たり前ですから」

相手はいるんだけど、敵は自分自身なんだよね。

1995年までのセリエＡでの挑戦について訊かれたときの言葉。
「自分の気持ちを納得させる努力が、いちばん大切なんですね」

15歳からブラジルでやってきたという自負がある。
プライドって大事だよね。それが自分を支えるから。

1995年までのセリエＡでの挑戦について訊かれたときの言葉。
「すごくイライラしていたけど、自分を信じるんだと思いました」

能力の格差があるのに、みんなが同じように
サッカーができるなんて、間違いだと思う。

1999年1月、クロアチア・ザグレブ在籍時の発言。
「40人が同じユニフォームを着られて同じものを食えている日本のサッカーチームはおかしいと思う。20人が待遇よくて、ほかの選手はそこにいくのに時間がかかるからこそ、トップチームに上がろうと必死になるわけで」

選手は弱い。勝っても油断する。

2005年4月、ヴィッセル神戸在籍時の発言。

「チームの雰囲気は見ていて明らかにわかるんです。油断しちゃうと、すべてがだらける。だからミーティングをやったほうがいいと思うと、声をかけあって、選手たちだけで集まったりしていました」

世界水準の精神や技術を求めるなら、
外に出ないとダメだよね。

1997年9月、ヴェルディ川崎在籍時の発言。
「ヨーロッパや南米でしか味わえない雰囲気やスピード感やプレッシャーがある。つくづく、海外に出てプレイするというのは大切だなと思うんです」

ブラジルの強さは危機感から生まれてくる。
精神的なものにあるんだと、改めて感じたよ。

1997年8月、日本代表とブラジル代表との戦いを通して感じたこと。
「もちろん、ブラジルは技術をはじめ、すべてが揃っているんですけど」

結局は、一瞬一瞬が勝負。
日頃の生活と、合宿中の練習と、気合いだよね。

2001年2月、ヴィッセル神戸在籍時の発言。
「まずは現役としてがんばらないといけないから」

こんなところで終わっていいのかよ。
負けたら何も残らないじゃないか。

2001年2月、ヴィッセル神戸在籍時の発言。
「プレッシャーから逃げたい自分がいつもいるんだけど、
『おい、そうしたら人生つまんないだろうが』と思い直す」

戦う人か、戦わなくなる人か、甘んじる人か、
選手の発言を聞けばわかるんだ。

1996年9月、ヴェルディ川崎在籍時の発言。

ぼくは勝負をかける。みんなもかけてもらいたい。

1996年9月、ヴェルディ川崎在籍時の発言。
「全員が『今回が自分のラストチャンスなんだ』と思う気持ちが、ワールドカップの予選には大事なんだ」

積み上げてきたものも、
たった一瞬でダメになる。

"ドーハの悲劇"について問われたときの言葉。
「だからもう一度積み重ねていくしかない。
これは負けるたびに考えることです」

やらなきゃいけないことも、
やることも、わかっている。

1999年2月、クロアチア・ザグレブ在籍時の発言。
「だから困るのはインタビューで気合いを入れてこられすぎることです。まわりはあまりにもいっぺんにいろいろなことを言いすぎますから」

とにかく、ひとつひとつでしょう。
その先に、試合や勝利があるわけだから。

1999年2月、クロアチア・ザグレブ在籍時の発言。
「熾烈なポジション争いとかいうのは、自分の考えよりも先に進みすぎています。報道はそういう報道でいいんだけど、自分としてはそれにはついていけないんですよね」

プレイを通してお客さんと一体感を持てると、
プロとしてやっている、という充実感を感じる。

1996年9月、ヴェルディ川崎在籍時の発言。
「努力するとか、自己管理するとか、そういうのは当たり前ですから」

金のためにボールを蹴るのがプロ。
夢のためにすべてを捨てるのもプロ。

1994年2月、ヴェルディ川崎在籍時の発言。
「すべてを捨ててでもヨーロッパでプレイしたいという気持ちがあります」

観客を満足させるのも大切な仕事。
プロは、魅せるプレイをするべき。

1993年、ヴェルディ川崎在籍時の発言。
「注目される立場にあるんだから、サッカー選手は夢を与えなきゃいけない」

何が支えになるとかいうことではなくて、プロは自分の道を極めるしかないからね。

1998年のフランスW杯に出場できなかった後の支えは、と訊かれたときの発言。

ぼくにしかできないこと、目指していることを、
理解してくれるようになってきたと感じている。

2002年12月、ヴィッセル神戸在籍時の発言。
「何も失っていません。すべて自分の財産になっていると思います」

ぼくはマゾヒストでナルシストなんだ。
目標を設定して苦しい思いをしていれば楽しい。

2005年夏、横浜FCに移籍する際に、年齢と結果について問われたときの言葉。

体力と速度が落ちたら、
集中力で相手の裏をかかなければならない。

1999年9月、京都パープルサンガ在籍時の発言。
年齢と運動量について訊かれたカズは「足の速いDFと足で競争するのでは勝てない。フェイントでつっておけば抜けるし勝てる」と言いながらこう答えた。

ムダな動きはしないようにして、
じっと、チャンスを待っていた。

1999年9月、京都パープルサンガ在籍時の発言。

得点をあげた理由を問われたときのセリフ。

「一生懸命に動いても、空回りするときはあります。サッカーって、動くだけじゃないんだね。もちろん、若さに頼っていける時期はあるけど、年齢とともにプレイスタイルは変わってくるんじゃないかな。力の出しどころがわかってきた」

厳しいところでみんなから見られて、
体が動かないぐらいに震えながら戦い抜く。

「そういう経験が得られればいいと思う」と、カズは
1994年からのセリエAでの試練の渦中で語っている。

大事なのは、いつ全力を出すかの判断力。
セリエAの選手は、それが優れている。

1994年10月、セリエAの試練の渦中で語ったセリフ。
「日本人選手が世界から見ると経験不足と言われるのは
そういうところじゃないかなと思うときがあります」

練習がすべてだと思う。

1995年1月、練習への姿勢について訊かれたときのセリフ。
「チャンスがきたら自分は大丈夫だと思うために、練習に100%の力を入れて、体を作ってきました。練習を人一倍やらなければならないんです」

強いチームと戦うときは、
数回しかないチャンスを確実にものにしなきゃ。

1993年、日本代表としてインテル（イタリア）と戦ったときの発言。
「このぐらいの相手になると、ちょっとしたミスが命取りです。日本の選手はもっと自信を持ったほうがいいと思います。自分が勝負してやろう、という気持ちがないとダメですから」

勝つと、楽しい。
だから、今は楽しくはない。

2005年4月、ヴィッセル神戸在籍時の発言。
「この何年間、すごい練習はしているんだけど、なかなか勝てないから、サッカー的に楽しかったかと言われると、楽しくなかったんです」

意見は言ったほうがいい。

2005年4月、ヴィッセル神戸在籍時の発言。
「自分の思いを言わないときのほうがうまくいかなかったような気がしています。自分なりに感じていることがあれば、意見を言うべきときには言おうかな、と」

体調をベストに持っていくのも戦い。

2005年4月、ヴィッセル神戸在籍時の発言。
「グラウンドでいいパフォーマンスができれば、いちばん、自分の生きていくモチベーションにつながりますから」

知識を入れすぎるのもよくないね。
「あれをしてない」と、不安が増えるから。

2005年4月、ヴィッセル神戸在籍時の発言。
「少しでも不安があると、バランスが崩れますから」

選手は、先のことなんて考えないんじゃない？
とにかく、今日を一生懸命やるしかないんだ。

2005年4月、ヴィッセル神戸在籍時の発言。
「先のことなんて誰もわからないし、保証もありませんし」

ぼくはサッカーを思い切りするだけ。
そのために調整をしているんだから。

2005年4月、ヴィッセル神戸在籍時の発言。
「引退を考えることもありますけど、やはり考える前に練習しているんです。どうすればもっとよくなるのかと」

ブラジルでは、サッカー選手は自分のために必死。
手を抜くと、すぐポジションを取られちゃうから。

ブラジル時代に気づいたのは「試合に勝つという執念に関してブラジルのチームはすごい」ということだったという。

日本人は、国を賭けてサッカーをやる、
という気持ちが足りないのかもしれない。

1991年1月、読売サッカークラブ在籍時の発言。
「国のためになんて古いと言われそうですが、
その気持ちは結局自分に返ってきますから」

ファンやマスコミとの
コミュニケーションも含めてのプロなんだ。

1995年1月、イタリア・ジェノア在籍時の発言。
「そう考えるようになってきました。ぼくは自分だけのものではありません。みんなのものでもあるんだと思うようになってきました」

大丈夫なの？　満足したの？

カズは取材終了後、インタビュアーにこうたずねることもある。
「何かあるたびに、自分の姿勢は変わってきました。サッカーを伝えるという自分の使命を信じて生きていきたいと考えています」

消極的なプレイから出てくるミスはよくない。
精神のコントロールで変えられるはずだから。

1997年8月、日本代表とブラジル代表との戦いを通して感じたこと。
「強い気持ちを持っていないとダメです。ブラジルというブランドに気持ちが負けているんですから」

ほとんどチャンスを与えられなくても、
死にものぐるいでやれる選手はいいね。

1997年7月、ヴェルディ川崎在籍時の発言。

1点取るのって、簡単じゃない。

1997年7月、ヴェルディ川崎在籍時の発言。
「どんなに力の差があっても、1点の重みには変わりがない」

監督って、傲慢だったら傲慢で、
それを貫けばいいんだ。

1997年7月、ヴェルディ川崎在籍時の発言。
「選手はいろいろな監督とプレイするけど、それでもレギュラーを取っていくのが本当の実力だと思いますから。結局、試合に出られないのは自分の力なんですよ。選手というのは責任転嫁しがちですけど」

コンディションを落とさないこと。
しっかりした準備をいつもしておくこと。

2001年2月、ヴィッセル神戸に移籍した際に「今度、何を心がけますか」と訊かれたときの発言。

試合では、いい形がいくつできたかが重要。

1997年6月、日本代表についての発言。
「ちょっとした変化で点が入らなかったり入ったりするわけで、決まるか決まらないかは運頼み、みたいなところもあるんです」

これをやれば監督から怒られない、
というふうに、なってはいけない。

1997年4月、ヴェルディ川崎在籍時の発言。
「グラウンドに出たら、結局は選手なんだ。戦術は必要だけど、サッカーってその通りにはいかないですから。自分たちなりのアイディアを出してがんばらないといけない」

もっと意見をぶつけてもいいんじゃないか。

1997年6月、日本代表についての発言。
「ブラジル人なんか、試合中に『おまえのパスが悪いんだ』って向こうが悪くなくてもとりあえず言っちゃうし、喧嘩しているからね。試合が終わったときにパッと関係なくなるのがプロですから」

ピッチに立ったときに何をするのか、
そのためにどんな準備をするかが大事。

2005年4月、ヴィッセル神戸在籍時の発言。
「個人もチームも、いきなり調子がよかったり悪かったりするんじゃなくて、全部つながっているんです」

試合に出ているときの苦しさなんて、
出ていないときの苦しさに比べたら比較にならない。

2005年4月、ヴィッセル神戸在籍時の発言。
「だからこそ、出ていないときに自分が何をやらなければいけないか、そこのところで自分に負けないようにしてきました」

走る速度も距離も若い選手の半分なのに、
緩急のつけ方で相手を錯覚させられる。

2005年4月、ヴィッセル神戸在籍時の発言。
「5メートルしか走らなくても、10メートル走っただけのプレッシャーをかけることができるんです」

言葉ってものすごく大事なんだなぁ。

2005年4月、ヴィッセル神戸在籍時の発言。

「言葉による人へのコーチングは重要です。若いころは、黙っていても意志の疎通ができるのがプロだろうと思っていたけど、実際に言葉にすることが大事なんだと今はいつも実感しています」

負けてから立て直すのは大変。

2005年4月、ヴィッセル神戸在籍時の発言。
「敗北を勝利につなげていくのは、本当に大変な作業です」

若いときの貯金があったから、今がある。

2002年5月、ヴィッセル神戸在籍時の発言。
「若いときに、基礎になる筋力をつけていたからこそ、今の訓練が生きているんです」

実力というのは、絶対的なものだから、
実力がないなら認めなくてはならない。

2001年2月、ヴィッセル神戸在籍時の発言。
「1986年メキシコワールドカップのときのマラドーナに誰も文句なんてつけないでしょう。性格がいいので契約いたします、なんてことはプロには絶対にないもんね」

正直、4―4―2とか3―5―2とか
どっちがどうなのか、よくわかんないんだよね（笑）。

2005年秋、練習帰りの車中で語った言葉。
「若いころは感覚でやっていたから。これからはサッカー全般をしっかり勉強しないとね」

第3章

勝負の世界を楽しむ

「人生は楽しまなきゃいけないし、明るくないとブラジルでは生きていけなかった」と言う三浦知良選手の、人間としての重厚さや楽観性のにじんだ言葉を選びました。毎日をどんなふうにすごしているのか、どうやって人生を堪能しているのか。仕事と生活の両面を知ることのできる、20年間の選手としての経験からくる言葉がこの章には詰まっています。

責任感や危機感は持つべきだけど、
楽に考えることもするべきだね。

1999年10月、クロアチアから帰国した後の発言。
「クロアチアは、たかがサッカーという部分と、プロとしてやっているという部分のバランスが保たれていていいんです」

何があっても、人生、楽しまなきゃいけない。


2005年8月、横浜FCに移籍時の言葉。

海外でサッカーをしているなかで学んだことを問われたときのセリフ。

「いいことも悪いこともぜんぶプラスに変えていかなきゃいけませんから」

「どうなるだろうか」という不安より、
やってみたい気持ちのほうが強いから。

1996年9月、ブラジルとイタリアの挑戦の決断について訊かれたときのセリフ。
「余分なことを考えないから思い切れました。行ったら行ったで大変だけど」

スポーツ選手って、一流になるほど繊細だね。
人の言葉は残るし、小さく傷ついているし。

1996年9月、ヴェルディ川崎在籍時の発言。
「弱気になったときの自分が結果を出せなかったのは、自分で知っているからすごく情けなくなるんです。前向きに勝負したときには負けても後悔しません。結果が出せなくても納得して、ゆっくり眠れたりしますから」

これ、女の子にやられたんじゃないよ。

1997年5月、日本代表と韓国代表との壮絶な試合の翌日に、アザだらけの体を見せて言ったセリフ。

サッカーを続けているかぎりは、
夢を追い続けたい。

1994年2月、ヴェルディ川崎在籍時の発言。
「ぼくのやってきたことは、それしかありませんから」

「楽しむ」は、無理をしないと思われがちだけど、
プレイだけに集中することが、楽しむことだよね。

2005年10月、横浜FC在籍時の発言。
「本来、とても前向きな言葉だと思うんです」

思いはしゃべり続けなければならない。
言い続ければ必ず気持ちは伝わる。

2002年2月、ヴィッセル神戸在籍時の発言。
「今はもう、マスコミにどう書かれても、こわくないんです」

今の自分が最高だよ。後悔もしない。

2002年2月、ヴィッセル神戸在籍時の発言。
「自分がもう5年遅く生まれたらとかそういう発想はありません。今まで目いっぱいやってきた自分が好きなんですから」

選手はサッカーのおもしろさを伝えなきゃ。

2005年1月、ヴィッセル神戸在籍時、地元・神戸の小学校を訪問する理由を訊かれたときのセリフ。

ものすごくキツイ練習をした後に、
カルピス飲みながらビデオ見るのが、気持ちいい。

1991年11月、練習後の生活について訊かれたときのセリフ。
「クーラーのガンガンきいた部屋のなかでね」

戦術というのは絶対に必要なものだけど、
最後は、選手が戦えるか、戦えないか。

1997年、W杯予選に臨んだときの発言。
「日本代表の技術が中東のチームより下かと言えば決して下ではない。見劣りはしません。どこが勝てないのかと言えば、やっぱり気持ちだと思います」

サッカーが好きで、お金をもらう。
もう、言うことないじゃないですか。

2002年5月、ヴィッセル神戸在籍時の発言。
「こどものころ、遊んでいたころから変わっていないんです」

今は、ひとりの人間として応援してくれている。
そういうことが、よくわかるようになった。

2002年5月、ヴィッセル神戸在籍時の発言。
「以前のブームのときにあったのは、華やかさだけでしたから」

……あ、成金みたいだね、それじゃ。
でも、まぁ、好きなものは好きなんで。

1991年11月、クルマについて訊かれたときのセリフ。
「運転手つきで、真っ黒いセンチュリーやリムジンに乗って、それで練習場に行きたいな」

うまくなりたければ、いちばん得意なことをやり続ければいい。

15歳からのブラジル生活でカズが心がけていたこと。
「昨日うまくいかなかったからといって、今日は必ずうまくやろうなどと思わないことです。肝心なのは、こまごました不満を持たないこと」

よく、夢は語ったほうがいいって言うじゃない?
言わなきゃ、結局、何も始まらない。

2002年5月、ヴィッセル神戸在籍時、Jリーグ開幕時の自らの発言を思い出してみてのセリフ。
「根拠なんかないハッタリかもしれなかったけど、あの時期は、言うことがどんどん現実になっていきましたから」

ぼくは冷めない。情熱が消えることはない。
人生を楽しむために苦しみたいんだから。

2002年2月、ヴィッセル神戸在籍時の発言。
「ワールドカップが終わって冷めるのは、
選手以外の人々でしょう」

経験と実績だけでは勝負できないから、
やっぱり今を充実させないといけない。

2001年2月、ヴィッセル神戸移籍時の発言。
「自分が今までやってきたことは間違っていなかったとは思っています。でも現役なんで、プレイの面でひっぱっていかなければなりません」

悩まないでサッカーをやっていたことはない。
でも、楽しくやらなければならないんだね。

1999年9月、京都パープルサンガ在籍時の発言。
15分しか出場できなくても常に前を向いていこうと思うことで、15歳でブラジルに渡ったときの気持ちを取り戻せたのだという。

言われたことしかできない選手にはならないで。

1991年1月、読売サッカークラブ在籍時、サッカー少年に向けての発言。

「日本の高校サッカーを見るとかわいそうになります。もっと明るく元気よくやったほうがいいんじゃないか」

今は変な欲望はない。

人として成長できると思う。


1999年1月、クロアチア・ザグレブ移籍時の発言。

移籍先について訊かれたときのセリフ。

「ブラジルに行ったときより、イタリアに行ったときより、余裕があるんです。ぼくが求めているのは試合で活躍することだけではありません。クロアチアというサッカーの盛んな国で生活してサッカーをやる喜びというか……その経験が後の自分に有意義だと思うから移籍するんです」

55000人が客席でジャンプして叫ぶ。
心も体もしびれたんだ。

1988年、カズのブラジルプロリーグにおける活躍は「カズがブラジル人なら代表は間違いない」と言われたほどだったという。

楽しむことが「逃げ」になってはいけない。

1996年9月、ヴェルディ川崎在籍時の発言。
「超一流の選手しか楽しめる域に達することができないかもしれない」

どんな環境でも、いいところも悪いところもある。
自分で探した「よさ」を見れば気楽に生活できる。

1993年、ヴェルディ川崎在籍時の発言。
ブラジルの生活を思い出したときのセリフ。

これだけやっておけば大丈夫、と
今は信じられるよ。

2002年2月、ヴィッセル神戸在籍時の発言。
「あれもこれもと欲張らない挑戦の方法に自信があります。集中力を高めてシュートを打っています」

親をなくしたこどもたちがいる学校に行くと、
みんな強く明るく生きているんです。

1999年3月、NATO軍がコソボに空爆を行ったとき、カズはクロアチア・ザグレブでプレイをしていた。
「NATOがコソボを攻撃したときは、近くのクロアチアのザグレブにいました。日本では本当に感動することが世の中にないみたいになっているけど、あの子たちは本当に小さいことでも感動してくれる。純粋で、すごく明るかったなぁと思い出すんです」

行くところまで行こうとしか思いません。

2002年2月、ヴィッセル神戸在籍時の発言。
「40歳になったとき、35歳の自分が未熟だったなぁと思えたらいいですね」

ぼく、女の子はみんな好きですよ。

1991年、ブラジルから帰国後、日本の女性とブラジルの女性のどちらが好きか、とたずねられたときのセリフ。

点を取れれば精神的に安定する。
それが、いいプレイにつながる。

1998年9月、ヴェルディ川崎在籍時の発言。
「結果を残せばメンタルな面で安心するからプレイがやわらかくなります」

チームが負けてもひきずらなくなった。
成長したというか、視野が広くなった。

2005年1月、ヴィッセル神戸に在籍時の言葉。
「それなりの経験もしてきましたし」

相手をバカにしたような
観客に受けるプレイをするのも一流選手。

ブラジル時代から、観客にアピールするプレイを心がけていたという。

「ブラジルでは、いいサッカーをファンに見せるというのが考え方の中心になっていますから」

あわてなくなった今の自分が大好き。

2002年5月、ヴィッセル神戸在籍時の発言。
「簡単なプレイが簡単にできるようになりました。ワンタッチで味方を使って自分を生かすプレイもできるようになって、1対1の場面でもあわてなくなりましたから」

何を書かれようと、選手はプレイをすればいい。

2002年5月、ヴィッセル神戸在籍時の発言。
「監督はそうはいきませんよね。監督のくせにこんなことをしていていいのか、なんていうことも評価の一部分ですから」

グラウンドのなかに監督は入ってこられない。
グラウンドは選手のもの。楽しいよ。

2002年5月、ヴィッセル神戸在籍時の発言。
「好き勝手やっていたら交代させられますが、でもグラウンドのことは自分たちにしかわからないことが多いわけです。監督の言うことを尊重はしますけど、その通りにはならないんですから」

サンパウロでは、夜の街でもヒーローだった。

ブラジル時代を振り返った言葉。
「質問されることは苦労話ばかり。でもぼくはそんなに苦労してるつもりはないけど……カラオケやディスコには、よく行ったなぁ」

昔は、追い込まないと結果が出なかった。

1999年10月、クロアチアから帰国した後の発言。
「今は、試合に出る直前まで、笑顔でいられるんです。
精神的なバランスがうまく取れるようになりました」

シンプルに仕事をしようと思えるようになった。

2001年2月、ヴィッセル神戸在籍時の発言。
「前は、俺はあいつよりできるから前にも行けると動いて、逆に悪くなることもありました。今ならほかの選手に任せて、自分はシンプルに点を取ろうと思えるんです」

サッカーの本質に対して、
自分の見方もはっきりしてきた。

2001年2月、ヴィッセル神戸在籍時の発言。
「クロアチアで何かをつかんだ気がしました。クロアチアでサッカーを冷静に見つめ直すことができました。サッカーをとても楽に考える発想ができるようになって、いちだんとおもしろくなってきたというところかな」

後輩が海外で活躍すると、自分が否定されたように
思った時期もあったけど、そうじゃないんだよね。

2002年5月、ヴィッセル神戸在籍時の発言。
「自分のやってきたことは否定されるわけがないというか、それはそれで違うことというか、自分のしてきたことに今までよりも誇りが持てるようになったんです」

30代で、ストイックにならなくても
試合に集中できるようになってきた。

2002年5月、ヴィッセル神戸在籍時の発言。
「Jリーグが開幕したときは、まわりが見えていなかったし、経験もなかったなとわかるんです」

サッカーでは人一倍努力をしていた。

2002年5月、ヴィッセル神戸在籍時の発言。
「それでも報われるものでもないじゃない? でも、Jリーグ開幕時は、努力したぶんだけ全部返ってきたというのはありました」

サッカーに対する気持ちとか情熱とかは
しゃべっていかなきゃいけない。

2002年5月、ヴィッセル神戸在籍時の発言。
「間違って書かれても、自分の思いをきちんと言い続けるべきだと今なら思えるんです。グラウンドに毎日来ている記者にはちゃんと話さなきゃいけない」

ぼくを記事にすればおもしろいと思ってくれる。
そのことを、誇りだと思えるようになったんだ。

2002年5月、ヴィッセル神戸在籍時の発言。
「新聞の作り方を勉強して理解するようになったのが32歳のころでした」

ベンチから指示を送るのも好きじゃないし、
人にサッカーを教えるのも好きじゃないし。

2002年5月、ヴィッセル神戸在籍時の発言。
「サッカーをやっていることがいちばん好きだから、続けていたい」

勝ったりゴールしたりする、
あの一瞬の喜びを知っているから。

2002年5月、ヴィッセル神戸在籍時の発言。
「悔しい思いを乗りこえられたのも、それがあるからです」

ぼくを見て同世代の人が元気になるのはうれしい。

2002年5月、ヴィッセル神戸在籍時の発言。
「いろいろな人が勇気を持ってくれたり、こどもが憧れてくれたり、プレイし続けることでまわりの人にメッセージを送り続けられたらいいなと今も思っています」

リラックスは、トレーニングと同じくらい大事。
リズムを作るためには、その時間がないといけない。

2002年2月、ヴィッセル神戸在籍時の発言。
「以前は体を酷使してしまうところがありました。今は流すところは流せるし、サッカー以外の時間をうまく使えるようになりました」

舞台を与えてくれたらいいプレイをする自信はある。
それ以外のことは、まわりが評価することだからね。

2002年2月、ヴィッセル神戸在籍時の発言。
「京都から神戸に来て、また新しい自分を発見できましたし」

自分にしかできないことを大事にして、サッカーの本質を忘れずにプレイしたい。

1999年9月、京都パープルサンガ在籍時の発言。
「試合は苦しまなければ勝てないけど、そのなかに楽しいと思える瞬間があればいいんです」

何が足りなかったのかというと、精神力だと思う。

1993年の"ドーハの悲劇"を思い出した言葉。
「精神力を高めるために、セリエAという選択肢が出てきました」

カラオケのレパートリーに演歌が入ってきた。
やっと、絵になるようになってきたね。

2005年8月、年齢を重ねたことについて訊かれたときのセリフ。

サッカーばっかりやってきたので勉強したい。
いろんなことを知ってたら、女の子も喜ぶし。

1991年3月、サッカーの取材の後にこう語っている。

第4章

信じた道を進む

この章では、三浦知良選手が最も大切にしている「情熱」の内実が語られます。仕事などで疲れたときに読むと元気が出てきます。サッカー選手としてのルーツや初心も語られますので、読んでいるだけで、三浦知良選手の歴史や性格もわかるようになっています。

ブラジルで学んだことは、勝負強さと精神面。
あの国では、選手はすぐにクビになるから。

1990年7月、ブラジルのサントスFC在籍時の発言。ブラジルでの生活で学んだことは何かと問われたときの言葉。
「この試合でいいプレイをすれば次の試合も出られるというだけなんです」

サッカーが好きなら、どんなことでも我慢できる。
ぼくは、そうやって生きてきたから。

1990年7月、サントスFC在籍時の発言。
優秀な選手になる秘訣を問われたときのセリフ。
「コーチにやらされるんじゃなくて自分でやること
が大事。サッカーを好きになることが第一だよね」

自分のことを天才だとは思わない。
ダメだな、と思うことのほうが多い。

ブラジルでプロ選手として活躍している
19歳のときのセリフ。
「でも、未来が輝かしく見えたり、俺は
すごいんじゃないか、と思うことはある」

「自分が力をつければいいんだ」と、ずっと思っていた。

1986年、サントスFCに在籍したカズは2試合しか出られず「カズに11番は重かった。日本に帰ったほうがいい」と批判された。4年後にもう一度サントスFCに戻るまでの気持ちを述べたセリフ。復帰後のカズは主力として全試合に出場している。

自分で考えて局面を打開できる選手が
サッカーの世界では生き残る。

2002年2月、ヴィッセル神戸在籍時の発言。

サッカーで生き残るためには何が必要かと問われたときのセリフ。

「ブラジルでは、教育が行きわたっていなくて規律は乱れていますが、そのぶん天才も生まれやすいんです。サッカーはグラウンドに出たら監督の指示もあまり聞こえないですから、言われたことしかできない人間には限界があります」

ブラジルに行って、日本のすばらしさもよくわかった。

小さいころを思い出した発言。
「ぼくは、ユニフォームを着ているだけで『ジャポネーゼのくせに』と笑われるような時代にブラジルに行きました。悔しさはプロとして成功して見返すしかありませんから、日本をワールドカップに導きたいと思うようになったんです」

危機感がグラウンドでのすばらしいプレイにつながる。

1994年2月、ヴェルディ川崎在籍時の発言。
「ギラギラした若さだとか上を潰してでもレギュラーを奪ってやるという気持ちがなきゃね。遊びも大事だけど、自己管理ができないなら一流にはなれない」

最後はハートの勝負なんだ。
ディエゴは絶対に転ばなかった。

1994年2月、ヴェルディ川崎在籍時の発言。
ディエゴ・マラドーナのボールへの執念について言及していた。「彼が絶頂のときは相手が3人来ようが4人来ようがね」

ブラジルでは、自分の弱さとも戦った。
逃げたかったけど、逃げ出せなかった。

15歳でブラジルに渡ったころを思い出した言葉。
「目標にしたものには挑まなければ気がすまないし、本当にこれでいいのか、これで満足なのかといつも問い直しました」

潰されたら、実力がないことの証明になる。

逆境にあるときにカズは、しばしばこういう発言をしている。

明日がどうなるかなんてわからない毎日を、精一杯に生きていた。

1986年2月、ブラジルでプロとしてデビューした日は特別なのだという。
「これまでの人生でいちばん緊張したのは、サントスで11番をつけてプロデビューをした日」

チャンスを生かせなかったら自分は終わりだと思った。

1986年2月、ブラジルでプロデビューした日には屈辱を味わった。
「緊張で、笑ってしまうぐらい足が前に出ないんです。ピッチで取り残されてしまうような恐怖は、今でもよく覚えています」

今は、緊張と重圧があると、余計に動ける。
それが、自分の積み重ねてきたことなんだ。

1986年2月、ブラジルでプロデビューした日の緊張感を、チャンスが巡ってくるとよく思い出すのだという。「今は経験があるから、緊張や重圧で動けなくなることはありません」

やっぱり、プロになるのはむずかしい。
１００％無理かもしれない。
でも、可能性が少しでもあれば俺はがんばる。

1983年、ブラジルに渡った直後に友人に送った手紙より。

道がないわけではないから、挫折感はないよ。

1998年、フランスW杯に出場できなかったことについての帰国直後の発言。

「こういうことは、初めてではありません。ブラジルでは、1試合ダメだっただけで半年以上、試合に出してもらえなかった。イタリアでもそんなことはよくありましたから」

親の死に目にあえなくても、ブラジルに行きたい。

「絶対に迷惑はかけないから、行かせてほしい」と15歳でブラジルに渡る決意をしたカズは「そんな遠いところに行って、親の死に目にもあえないかもしれないわよ」と泣いて反対した母親にこう答えている。

殴られても成績が落ちてもいいから寝させてくれ。

カズは中学時代や高校時代、1時間目から4時間目までずっと寝ていたこともあったという。教師に起こされたときのこの発言は有名。勉強嫌いが一転したのは、15歳でブラジルに渡ってから。辞書を片手に会話をしながらポルトガル語を習得したという。

新聞にデカデカと出たんだ。
「ブラジル代表が日本人にやられて尻餅をついた」

1988年3月、ブラジルのキンゼ・デ・ジャウー在籍時、ブラジル代表だった選手をフェイントで抜いたことが記事になってうれしかったのだという。

憧れていた選手たちが載る雑誌に
自分が出られた、というだけでうれしかった。

1988年末、ブラジルの権威あるサッカー専門誌『プラカー』の年間ポジション別選手ランキングで、カズは左ウイングの第3位にあげられた。「ブラジルに行ったころ、こんなのに出られるわけないよな、と思っていたわけだから」

日本人がひとり試合に出ることで、
ブラジル人がひとり出られなくなる。

ブラジルでチームメイトから、活躍するたびに辞書に載っていないような汚い言葉で悪口を言われたという。そういう戦いもカズの精神を鍛えていくことになる。

日本人の短所は、状況判断が遅いところ。

1991年7月、読売クラブ在籍時の言葉。
「日本人は教えられすぎています。教えられたこと以外の、自分の発想でやるというところがブラジルよりも遅れています」

サッカーの世界では、力のある者が残る。


ブラジル時代を振り返った言葉。

「ブラジルから日本に帰る前の最後の試合では、お祭りのように盛りあげてくれましたからね」

サントスFCでの最後の試合、カズは花束をもらい、キャプテンマークをつけてプレイしたのだという。

日本の高校生は、夢は国立競技場でプレイすること、と言う。
なんでワールドカップに出ると言わないんだろう？

1990年7月、サントスFC在籍時の発言。
日本のW杯出場は夢のまた夢と言われていたころから、カズは常に「夢はW杯出場」と言い続けてきた。

嫌になることもあったし、
弱かったし、逃げ出したくなった。

16歳、17歳のころを思い出した発言。
「何のためにブラジルに行ったのか、何ができるのかを考え直すと、サッカーしかありませんから。つらくてもグラウンドに戻るしかありませんでした」

ブラジルと日本では、ハングリーさが違う。

小さいころを思い出した発言。
「ブラジルでは貧しいこどもたちが成功するためにはサッカーしかないんです」

サポーターも日本独自のカラーを作っていけばいい。
無理して本物のマネばかりしなくてもいいんだよ。

1994年2月、ヴェルディ川崎在籍時の発言。
「ブラジルでサッカーに命を賭けている筋金入りの観客のマネをしても勝てるはずがない。日本は日本のやり方でいいんじゃないか」

名門でも、グラウンドに立てなければ意味がない。

10代のころ、名門・サントスFCから移籍した理由についての発言。
「ベンチにいるだけではプロとは言えないから」

照明のないグラウンドで豆電球つるしてゲームをした。
そんな試合でも金になるし、次につながる。
自分の手で金をつかむって、そういうことじゃないか？

1987年、ブラジルのマツバラ在籍時のエピソード。
「格下だろうが、試合に出られるチームで経験を積んでやろうと思っていました」

サッカーはどこでもできる。
自分の求めるサッカーがあれば、どこにでも行く。

94年4月、ヴェルディ川崎在籍時の言葉。
「ずっと先のことは、誰にもわからないでしょう?」

中学では特別に目立った選手ではなかったけど、
ブラジルで練習すればうまくなると信じていた。

15歳でブラジルに渡った理由を述べた言葉。
「無垢というか、単純で簡単な理由ですけど」

うまくなれるならどこまででも行く気だった。
ブラジルのサッカーには、憧れていたからね。

15歳でブラジルに渡った理由を語った言葉。
「自分がサッカーをする環境はあそこしかないと決めていたんです」

プロだから、いい条件でいい仕事ができるところに行く。


1991年4月、読売サッカークラブ在籍時の発言。

当時から選手としての姿勢は一貫している。

「選手っていうのは、いつどうなるかわからない。金銭面でも、生活環境でも、いい条件で、いい環境でプレイできるなら、そっちに行くべきです」

最初は無我夢中で、他人のことまで考えられなかった。

15歳でブラジルのサッカーチームの寮に暮らしていたころを思い出した言葉。

「ブラジルのこどもが不自由を強いられているということについては、ブラジルに数年暮らして初めて考えることができました」

第5章

未知の領域に挑む

あなたは、新しいことにチャレンジしていますか? 躍動感にあふれていますか? 三浦知良選手は「このままではダメになる」といつも新しい世界に挑戦し続けてきました。その発想法は、どんな職業の人でも、今日からでも役立つに違いありません。

笑われてもいいし、文句を言われてもいい。
ボロボロになるまでサッカーを続けたい。

1999年9月、京都パープルサンガ在籍時の発言。
「最後は県リーグでもいい。お金の問題じゃないんだ。自分の力をどう評価してくれるかが大事なんだ。月給が30万円でも、チームの中心として使ってくれれば問題ない」

ぼくが以前と違う経験をしていけば、
日本のサッカーも変わると思う。

1994年6月、イタリア・ジェノア移籍時の発言。

日本のW杯出場なんて夢のまた夢というところからサッカーをやり続け、ブラジル、イタリアのサッカーに挑んだカズには「日本のサッカー」の裾野を広げたいという趣旨の言葉が多い。

「日本のサッカーに何か影響を与えて、次につながることにしたい」

選手としても、人生としても、
これでいいということはない。

2005年4月、ヴィッセル神戸在籍時の発言。
「これでいいと思っちゃえば進歩はないし、下に抜かれてしまいますからね。毎年、選手としても人間としてもレベルアップしていこうと思っています」

自分がどこまで努力しようとしたのか。
ぼくは、ものごとをそれで判断しています。

2004年12月、ヴィッセル神戸在籍時の発言。
「"ドーハの悲劇"はショックでしたが、サッカーを奪われたわけではありませんから」

自分に負けたときには強くならなければと願う。
そのくりかえしです。

カズの方針は「自分自身に負けないこと」なのだという。

見当もつかない先のことで
「成功」や「失敗」を思い悩んだりはしない。

1995年1月、セリエＡでの試練のときを語る言葉。
「叩かれてもがんばってプレイをすることが自分を成長させることにもなりますから」

ワールドカップに出場したい。

1980年代から現在に至るまで継続して
言い続けている言葉。
2005年にも「確率は低いのでしょうが」
と言いながらもやはりそう発言した。

日本のサッカーには歴史がなかったから
「歴史を変える」と言えました。

1996年9月、ヴェルディ川崎在籍時の発言。
「野球や相撲のようにできあがっていなかった
からこそ、何でも言えたところはありました」

これまで築いてきたのは、精神的な自信。
だけど、守ろうなんてこれっぽっちも思わない。

2001年2月、ヴィッセル神戸在籍時の発言。
「何かを持ち続けることにはあまり興味がないんです」

99回外しても、平然と100回目を蹴る。
そういう精神構造でないと、やっていけない。

2001年6月、ヴィッセル神戸在籍時の発言。
「フォワードは、万が一を心底信じて疑わない」

俺たちの仕事は、オセロみたいなものだから。

2001年6月、ヴィッセル神戸在籍時の発言。
「シュートが入らない、相手に点が入る……気がつくとほとんどが相手の色になっていて、もうおしまいかなと思う。だけどそこでゴールを奪ったら、瞬く間に黒は白に塗りかえられて逆転するんです」

ボールにぶつけるのは魂の大きさだと思う。

2001年6月、ヴィッセル神戸在籍時の発言。

「ボールが来るまで、我慢、忍耐、チャンスをものにするストレスがのしかかります」

何があっても夢だけは見てきました。
夢を捨てたら、すべてが終わります。

2001年6月、ヴィッセル神戸在籍時の発言。
「日本代表で必要とされるときが来るまで、十分に自分を磨いておきますよ」

日本にいても、自分を高めて世界レベルを見つめて、
「自分は世界に通じる」という気持ちでいればいい。

1996年9月、ヴェルディ川崎在籍時の、
日本と世界の格差についての発言。
「常に何かに挑戦していれば輝きは失わないでしょうし」

金銭とか保険とかがあると、考えちゃうでしょ。
それがなくなれば、やりたいことが見えてくる。

1999年1月、クロアチア・ザグレブ移籍時の発言。
「自分をよくしていきたいなら、今、海外に行かなければダメだと思いました」

自分の仕事を明示してくれるクラブが現れたら、
それを選ぶのが、今までやってきた道だから。

2005年8月、横浜FCに移籍時の言葉。
「サッカーは人生と同じで、何が起こるかわからないですからね」

絶対的な力があれば、変なことはされない。

2005年8月、横浜FC移籍時の言葉。
「日本代表で中心になってやっているころは、プレイスタイルが嫌いだとか使わないだとか言う人はいなかった。誰が監督になっても黙らせるだけの実力がありましたから。それができないというのは、力が落ちているということ。現実を冷静に受けとめなければいけません」

先のことは考えられない。
調子の悪さが許されない年齢だから。

2005年4月、ヴィッセル神戸在籍時の発言。
「調子が悪ければ引退の方向にみんなが持っていくという時期の戦いです。失敗が許されない毎日ですから、オフのときでもサッカーを忘れるなんてことはありません」

2年後の夢を語るわけにはいかない。
明日の夢を語るしかない。

2005年4月、ヴィッセル神戸在籍時の発言。
「だから、自分のやるべきことや考え方は変わりません」

サッカーは、失敗の連続なんです。
うまくいかないことばかりだから。

2004年12月、ヴィッセル神戸在籍時の発言。
「うまくいくことなんて少ししかないんだから、
自分のミスで負けても下は向かないんです」

今は、冷静に自分を見つめられるし、
問題の解決の手段を自分で探しだせる。

1995年1月、セリエAでの試練のときを語る言葉。
「ブラジルで苦労して18歳でプロになったときは、すごく焦りがありましたから。今は自分の力で進歩していけるんです。それは身につけた強さだと思います」

継続して質の高いトレーニングもしているし、
現役選手としての自分以外は考えられない。

2005年1月、ヴィッセル神戸在籍時に自身のコンディションについて訊かれたときの言葉。
「体力が落ちるのはちょっとずつですから限界は感じません」

若手に負けたくない、と思わなくなったら
プロとして終わり。

2005年1月、ヴィッセル神戸在籍時の言葉。
「あきらめないで若手についていこうと思うと、心拍数が上がってきつくなって、足の筋肉がバラバラになって……壊れていくんです。自分が壊れていく瞬間がぼくは好きです」

練習で苦しんで、初めて試合で笑える。

2005年1月、ヴィッセル神戸在籍時の言葉。

「人間ってやっぱり弱くて、どうしても楽をしようという部分が出てくるんですね。だから苦しさをくぐり抜けたら試合でいい思いができると考えながら走っています」

力を抜かずにやることのくりかえしが、
自信や誇りにつながるんじゃないかな。

2005年1月、ヴィッセル神戸在籍時のセリフ。

筋肉の声が聞こえるようになった。
試合中も、あと少しだから
がんばって動いてくれって話しかけるんだ。

2006年1月、シーズン前のグアム自主トレでの言葉。

選手は商品と同じ。
自分を高く売れば売るほど実入りがよくなる。

ブラジル時代、選手を巡る状況は人身売買と同じだという厳しい状況に気づいたのだという。

審判、クラブ、コーチ、スタッフに至るまで、
環境が変わらないと、状況は変わらないよね。

Jリーグ発足前によくしていた発言。
「ブラジルにはプロの用具係がいますから、ぼくは日本でも『俺、選手だから、荷物は持たないよ』と言いました。日本とブラジルの差は知っているけど、わざとそういうふうに言わなければ、日本の常識は変わりませんから」

ポルトガル語で会話ができて、食事を克服して、
初めて、サッカーに打ちこめるようになった。

ブラジル時代のことを思い出した言葉。
ポルトガル語の習得には2年かかったのだという。

いつも、くりかえし、いろいろな壁に当たる。

1996年9月、ヴェルディ川崎在籍時の発言。
「年間何試合やっても、強気になっている自分もいれば、弱気になってズルズル負けてしまう自分もいます。いつもそれのくりかえし。人生と一緒のような気がします」

日本のサッカーはこうなんだ、ということを、
世界に向けて、いつかアピールしたい。

1996年9月、ヴェルディ川崎在籍時の発言。
「ブラジルがどう、イタリアがどう、アルゼンチンがどうとかは説明できますが、日本の場合にはこれだという特色がまだありませんから」

チームができていく過程に自分が参加したり、
どう勝つかというプロセスも大事です。

2001年2月、ヴィッセル神戸在籍時の発言。
「選手としてしっかりとした準備をしていく、
見えない部分がすごく大事だと思うんです」

ブラジルがぼくをサッカー選手に育ててくれた。

ブラジル時代を思い出した言葉。
「ブラジルは、厳しさ、練習への姿勢、試合に臨むまでの姿勢、負けず嫌い……そういう部分を育ててくれたと思います」

どんなに20代がよくても、それは苦しい壁をこえて
30代を迎えるための準備だった、と思うときもある。

2001年2月、ヴィッセル神戸在籍時の発言。
「もしも準備ができるとしたら、壁に当たってからではなくて、
壁を感じるずっと前の若いころにこそやれることですから」

今乗りこえなくてどうする、という気持ちが
上回るヤツだけが本当に生き残れるんだ。

2001年6月、ヴィッセル神戸在籍時の発言。
「本当は、ビビるし、こわいし、逃げ出したいよね」

若手よりも、誰よりも、元気でいたいと思う。
体力もあって、精神面もキリッとしていたい。

2001年2月、ヴィッセル神戸在籍時の発言。
「元気でアグレッシブな選手でいたいじゃないですか。こんなに楽しみでやりがいを持てる仕事があるのもうれしいよね」

準備という考え方はすごく大事だと思う。

2001年2月、ヴィッセル神戸在籍時の発言。

「不本意なことはいくらでも経験していますが、いつだってこう思ってきました。5分でも結果を出そう、自分をどうアピールできるか、そうやってベストの自分を準備できればいいんじゃないかという気持ちになれた」

自分の役割がはっきりわかるようになった。

2001年2月、ヴィッセル神戸在籍時の発言。

「自分の独創性が何かがわかるようになりました。30歳のころはむずかしかったんです。自分の体が変化しているのに、前と同じことをやろうとして中途半端な状態になっていたんじゃないかなと思います」

日本が強くなるためには、
自分を踏みこえていく人がたくさん出てこなきゃ。

2001年2月、ヴィッセル神戸在籍時の、若手についての発言。
「やっぱり若手は20代でどこまでやれるかなんです。みんな、やってる、やってるっていくら口で言っても、本当にやってるレベルとは違いますから。ぼくがここまでプレイし続けられているのも、あのころに自分をいじめ抜いたからなんです」

いつだって、サッカーに支えられて、
サッカーと一緒にここまできたんだ。

2001年2月、ヴィッセル神戸在籍時の発言。
「ここまできたら、自分の仕事に自分がどう燃えるかなんだから、信仰に篤いサッカーバカも、悪くないでしょう」

ブラジルで選手として叩かれるとうれしかった。
やじられると、かえって燃えるんだ。

ブラジル時代を思い出したときの言葉。

未知の力を持った人間は、グッと伸びないとね。

1999年10月、クロアチアから帰国した後、京都パープルサンガで若手に期待しているという発言。

ザグレブの感覚が、体のなかにまだ残っている。
あそこでやれたんだからと、勇気が湧いてくるよ。

1999年10月、クロアチアから帰国した後の発言。

クロアチアでゼロから再出発して、
ブラジルの無邪気な自分に戻れたような気がする。

2002年5月、ヴィッセル神戸在籍時の発言。
「いろいろなしがらみから抜け出したんです。やっぱり、自分が自信を持ってやってきたことは、時間がすぎれば宝になるとわかりました」

21年目の戦いを前に

06年2月26日、三浦知良選手は39歳になりました。開幕を前に、自身の20年間の歩み、プロ21年目のシーズンへの思いを語っています。横浜FCの選手兼任監督補佐の、日本代表入りを目指すひとりのサッカー選手の言葉をお届けします。

プロになって20年、本当にいろいろなことがありました。自分自身、この間に変わってきたし、さまざまなことを学んできました。だんだん熟してきているなと感じています。ひとりのサッカー選手としてね。

今回、この本を出版するにあたって自分の発言を読み返してみたんですけど、基本的な部分はあまり変わっていないと感じました。映像で見ると、しゃべり方や服装や表情がわかるからちょっと恥ずかしかったりするんだけど、文章だと違和感はないですね。

人生には必ず、プラスがあればマイナスもある。マイナスがあればプラスもある。

いいこと、悪いことの両方を経験しなかったら、こんな言葉の本当の意味はわからなかった。若いときなら、表面だけの言葉になったと思うんだけど、この20年間で本当にいろいろなことを学びましたからね。だから、最近は、サッカーということだけじゃなくて、自分の経験や学んだことを人生に置き換えて考えています。もちろん、中心には常にサッカーがあるんだけど。ここ2、3年は特に、その傾向が強いですね。

〝天国と地獄を知る男〟と言われたりするけれど、自分ではそこまでおおげさな表現じゃなくてもいいんじゃないかとは思います。天国と地獄……地獄に落ちたら死んでるよって思うし（笑）、そんな死ぬような思いをしたことはないですから。天国も、どういうものかはわからない。

みなさんがそう言うニュアンスはわかるけど、地獄という言葉を使わなきゃいけないほどの窮地に立たされたことはないですよ。ドーハのときでも、フランスワールドカップのときでも。

確かに、日本中の人たちは、日本代表メンバーがどうやって戦ってきたかをしっかりと見てくれていましたよね。パフォーマンスの部分だけではなく、W

杯出場までのプロセスを。そういうなかで、ドーハやフランスW杯のとき、最後の最後であああいう結果になったから、〝地獄に突き落とされた〟っていう表現を使うのはよくわかります。自分自身も、地獄に落とされたとは言わないまでも、それに近い気持ちになったのは確かです。でも、地獄ではなかった。

一番はじめに「ワールドカップに行く」と言ったのは僕だし、ワールドカップの出場権を獲得するまで日本代表を引っ張ってきたのはドーハのときの選手たちだった。日本のサッカーのなかで、W杯という目標、旗を立てたのは自分だという自負はあります。

気持ちや意志を表現する方法や行動はたくさんあるけど、僕は言葉に出すことによって、人に伝わることがあると思う。そういう意味で、「W杯に行けるんだ」とずっと言い続けたことに意味があったんじゃないかな。〝言葉で〟言い続けたことは本当に大事だった。行動や時代が後からついてきたっていう部分もありましたけど。

僕にはブラジルでのプロの経験がありました。あの国では、プレイでアピールするのは当たり前。そのうえで選手は、どういうふうに自分を表現するか、どうやって生活を向上させるかを常に考えています。そして、生き残るために、全力を尽くして戦っている。

そんなブラジルのサッカーを経験してから日本に帰ってきた自分にとって、当時の日本サッカーには物足りない部分が多かった。このままでは進歩していかないと思いました。Jリーグがスタートするっていう動きがあったけど、プロリーグができても、これでは成長しないじゃないかと。だから、僕は自分の考えを言葉に出して、意見としてぶつけたんです。相手が年上の人であっても、立場が上の人であってもね。

僕がブラジルから日本に帰ってきた90年頃にプロとして言わなければならな

かったことと、今現在言わなければならないことは全然違います。状況はものすごく、変わってきていますから。

帰国した当初は、「俺たちはプロなんだからちゃんと報酬をくれ」「待遇をよくしてくれ」という話をよくしました。今は、そんなことを言わなくても、当たり前になりましたよね。僕が今言いたいのは、若手に対して、「お金をもらうことだけがプロじゃないんだよ」「目の前にあることを全力尽くしてやるのがプロなんだ」ってこと。

大きな意味では同じなんだけど、その場面場面で言うことが変わってきた。自分がプロとして考えてきたこと、言わなきゃいけないと感じていたこと、ずっと言い続けてきたことは全部、この本に詰まっています。

いいことや悪いことがあっても、自分がやることは変えてはいけない。これはサッカーに限らず、何でもそうだと思う。

僕はサッカーのためにいろいろなことを犠牲にしていると言われるけど、それは学生でもサラリーマンでも一緒だと思う。自分のやりたいことのために何かを犠牲にすることは誰にでもありますよね。僕だけが特別ではないと思う。

ただ、僕の場合は、表舞台で発言する機会があるし、いろいろな人たちに対して言葉を発することができる立場にいるので、どんどん言葉にしていきたい。言葉で思いを伝えることは、本当に大切ですよ。

僕が98年フランスW杯に行けなくて、日本に帰ってきたとき、「カズって選手はこれからどうなるんだろう」「このまま終わるんじゃないか」と考えた人が多かったと思う。正直ね。でも、僕はサッカーをやめようとは思わなかった。「サッカーをずっと続けていくんだ」「契約してくれるチームでプレイすればいいんだ」と考えていました。

もちろん、日本代表でプレイすることが目標であることに変わりはない。そこが目標ではあるけれど、サッカーは代表だけのものじゃないし、代表でしかサッカーができないわけじゃない。サッカーはいろいろな国でできる。「日本代表だけがサッカーではない」って思いました。

そう考えながら、これまでずっとサッカーを続けてきました。いつごろからだろう。34、35歳を過ぎたくらいからかな。周囲の人の、自分を見る目が少しずつ変わってきました。応援してくれるみんなの気持ちが自分のなかに入ってきたんですよ。

それは自分の人生観に大きな影響を与えたし、生きていく支えになりました。いろいろな人からかけられる言葉だったり、声援だったり、僕を見る目だったり……そういうものを、特にここ2年くらいはすごく感じますね。

三浦知良のイメージは、20代の華やかだったヴェルディ時代のものが強いと思うんですけど、あの頃は「純粋にサッカーが好きだ」と前面に押し出すことはしなかった。ヴェルディも強かったし、僕自身にも勢いがあったから。

サッカーを続けていくなかでいろいろな経験をしました。ドーハやフランスW杯予選もあったし、イタリア、クロアチアに行ったし、京都や神戸でもプレイした。行く先々でみんなが僕を愛してくれました。僕自身もその街やそこに住む人たちをすごく愛した。

05年はヴィッセル神戸、横浜FC、シドニーFCと3チームも渡り歩きましたけど、どこへ行ってもみんなが本当に温かく迎えてくれました。これは自分がしてきたこと、積み重ねてきたことに対するひとつの答えだと思います。サッカーをずっとやってきて、本当によかったと思える瞬間でした。

おおげさに言うと、05年は〝三浦知良再検証の年〟だったと思います。ブラジルにいたときのビデオが繰り返し流されて、ヴェルディ時代から神戸時代までのプレイがテレビで何度も放送されましたよね。シドニーに行ったことで、また過去のプレイを見ることができた。改めて、「自分はこんなふうに戦ってきたんだな」と感じた一年でした。

今回、シドニーFCというチームに入って、オーストラリアでみんなに尊重され、プレイできたことは大きな喜びでしたね。シドニーでまた、いろいろな人にお世話になりました。

プロ21年目のシーズンが始まる直前に、39歳になりました。フットボーラーとしても人間としても、ステップアップできるように、スタッフの力を借りながら、自分を鍛え直しているところ。去年よりもまたさらにみんなに喜んでもらえるように、一緒に喜びあえる機会が増えるようにしたい。だから、40歳に手が届く年齢になっても、これまでと変わらないキャンプをやって、新しいシーズンの準備をしてきました。

サッカーに関してはいつも、「大変だな」と感じることのほうが多いですね。

でも、一瞬の喜びのために苦しいこともしなきゃいけない。苦しいけれど、それが楽しみにつながりますからね、必ず。そうやって、ずっとサッカーをやってきました。これからもスタイルを変える必要はないと思います。

練習は確かにきついけれど、自主トレでもチーム練習でも、これまでできなかったことはない。立てた目標は必ずこなしてきましたから。それも高いレベルでね。ただ、試合に関して言えば、サッカーは11人の組み合わせで勝ち負けが決まるし、チームの事情も、個人のコンディションも関係しますから、思い通りにはならないけど。

30歳、31歳になったときに感じたことはあったけど、それ以外は、衰えをそんなに感じていません。20代に比べれば、肉体の回復力も、スピードや走力も下がっているとは思うけど、極端にガクンと落ちてるわけじゃないんでね。

トレーニングや食事の面で、すばらしいスタッフの力を借りて、なんとか落とさないように、逆にアップするようにと考えながらやっています。心と体が一緒になるようにしています。体は年をとっていきますけど、頭のなか、考えることが年をとらないように。フレッシュな脳でいたいな、と思いますね。

若いときは体が疲れていても勢いが出ましたけど、今はもう同じようにはできません。逆にあまり入り込みすぎて、頭が疲れないようにと考えています。シーズン前のキャンプではじめからガーッとなりすぎると、疲れて嫌になっちゃうだろうし、サッカーをやりたくなくなるかもしれないなと思う。だから、昔は自主トレ期間中にオフは入れなかったけど、今はゴルフをしたりしてますからね。

これは昔から感じていることだけど、サッカーというスポーツは人生の縮図ですよね。グラウンドに人生が埋まってる。サッカーは、ただボールを蹴ればいいというわけじゃないし、うまいヤツばかり集めたからと言って試合に勝てるわけではない。

それは人生と一緒、社会と同じですね。エゴイストがいて、おとなしい人がいて、粘り強い人がいて、いろいろな人が組み合わさって、ひとつのチームになる。みんながみんな欲張りでもダメだし、スタンドプレイをするヤツも必要だし。そういう意味でバランスが重要ですよね。

この年齢になると、ここからは気持ちがすごく大事です。現状に満足しちゃいけない。今は、一日一日を大切にしたいなって思っています。ひとりの力だけではどうにもならないけど、横浜FCをJ2からJ1のカテゴリーにアップさせたい。そのために全力を尽くしたい。

去年は少ししか一緒にプレイしていないけど、横浜FCの選手たちは、サッカーに対してすごく真摯ですね。純粋な選手が多いと感じました。ただ、環境に甘えてる部分はあったかもしれない。「どうしてもJ1に上がらなきゃいけない」というプレッシャーはなかったですから。Ｊ２から落ちることがないからね。そんな状況に甘んじているなと感じました。

だから、チームを変えたいと思っています。変わらなければ、また今シーズンも11位で終わってしまいますから。もちろん、ひとりの力では無理ですよ。僕が昔のマラドーナくらいサッカーがうまくてもどうかな、86年のマラドーナでもどうかな……って感じです。だから、みんなと力を合わせて。

去年は横浜ＦＣの試合にたくさんのファンが来てくれて、社会現象みたいになりましたけど、順位争いを抜きにして「純粋にサッカーを見に行こう」っていう気持ちを、みんな思い出してくれたんじゃないかな。エンターテインメントとして認められたことは本当にうれしかったですね。

甲府での試合は特に、盛り上がりがすごかったですよ。ホームでの試合よりも、地方のほうが熱を感じました。まあ、僕の存在が珍しかったんでしょうね。

おばあちゃんが、「カズが出るなら見に行こう」って感じで来てくれましたから。去年は、そういう意味で、自分の存在価値を再確認しました。小さい子に「カズダンスやって」と言われたしね。

優秀なスタッフが24時間体制でスタンバイしてくれてますから、調理師、トレーナー……みんなの力を借りて、シーズンをケガなく、乗りこえていきたいなと思います。この歳になって恥ずかしいんですけど、僕は練習ではやりすぎてしまうところがいまだにあるから、その部分は周囲の人たちにバランスをとってもらっています。みんな、強い味方です。自分で自分にストップをかけなきゃいけない年齢だと思うんだけど、自覚症状がないんでね（笑）。

今年はJ2に、東京ヴェルディも柏レイソルも、ヴィッセル神戸もいますから。ヴェルディとレイソルは日本リーグ時代からの名門だし。愛媛FCと対戦する開幕戦は松山での試合です。10年くらい前に天皇杯で行ったかな。そういうところに行くのはすごく楽しみです。地方にサッカーを根付かせるっていうのが、Jリーグの理念ですから。

サッカーの世界にも、時代時代の流れがあるから、10年後にガンバ大阪や鹿島アントラーズがJ2に落ちてるかもしれない。5年前、10年前なら、「2部落ちしたら解散」っていう風潮があったけど、今はそうじゃなくなってきてますよね。

今年は6月にドイツでワールドカップが行われます。日本代表が対戦するブラジル、クロアチア、オーストラリアは、僕がプレイした国。不思議な縁を感じます。

ジーコが監督をやり始めてからここまで、日本代表は順調にきてると思います。結果も内容もね。W杯予選も1位で通過したし、コンフェデレーションズ・カップでもすばらしい戦いをしました。

チームの歩みは順調だし、ジーコが監督になってから僕は一度もメンバーに選ばれてない。だから、可能性はすごく少ないかもしれない。だけど、日本代表を追い求めてやっていきます。可能性が少しでもある限りはね。

三浦知良略歴

1967.2.26
静岡県旧静岡市生まれ。

1973.4
静岡市立城内小学校入学。城内FCでサッカーを始める。

1982.12
静岡学園高等学校を8ヵ月で中退。15歳で単身ブラジルのプロチーム『ジュベントス』へ留学する。

1985.1
サンパウロ州のタッサ・サンパウロ（21歳未満の大会）に日本人として初出場。

1986.2
ブラジルサッカー界の英雄、「神様」ペレがいた名門『サントスFC』と最初のプロ契約。

1986.5
『パルメイラス』にレンタル移籍。日本で開催されたキリンカップサッカーに、ブラジル・プロとして初登場。

1987.2
パラナ州リーグ『ソシエダージ・エスポルチーバ・マッバラ』と契約。

1987.10
アラゴアス州リーグ『クルーベ・デ・レガッタス・ブラジル』（CRB）と契約。

1988.2
サンパウロ州リーグ『キンゼ・デ・ジャウー』と契約。サッカー王国ブラジルで、最もレベルの高いサンパウロ州リーグに登場する。日本人として同州リーグの初ゴール（対コリンチャンス）も記録。

1988.11
リーグ戦、コッパウニオン（ブラジル選手権）で活躍。専門記者によるMVP投票で、左ウイング部門第3位にランクされた。

1989.2
パラナ州リーグ『コリチーバFC』と正式契約。この年創立80周年を迎えたコリチーバの、3年ぶり29回目の優勝に貢献する。

1990.2.2
サンパウロ州リーグ『サントスFC』と再契約。

1990.7.30
日本リーグ『読売サッカークラブ』と契約。

1990.8.5
PJMフューチャーズ戦（第4回PJMカップ、浜松、1－4）で日本デビュー。

1990.8.25
JSLカップ対住金戦で公式戦デビュー。

1990.9
第11回アジア大会に日本代表として出場。

1991.1.13
コダックオールスター（東西戦）、最優秀選手賞受賞。

1991.4
読売サッカークラブが第26回日本サッカーリーグ優勝。ベストイレブン賞受賞。

1992.3.15
読売サッカークラブが第27回日本サッカーリーグ優勝。最優秀選手賞受賞。ベストイレブン賞受賞。

1992.8.29
日本代表が北京での第2回ダイナスティカップ優勝。最優秀選手賞受賞。

1992.11.9
日本代表が広島・第10回アジアカップ優勝。最優秀選手賞、アジアベストイレブン賞受賞。

1992.11.23
読売日本サッカークラブが第1回Jリーグナビスコカップ優勝。最優秀選手賞受賞。得点王（10得点）。

1992.12.28
第17回報知プロスポーツ大賞・特別奨励賞受賞。

1993.1
国際サッカー歴史記録学会選定（本部ドイツ・ヴィスバーデン）のアジア年間最優秀選手に選出される。

1993.1.29
第25回内閣総理大臣杯日本プロスポーツ大賞・殊勲賞、振興賞受賞。

1993.4.20
全国サッカー担当記者選定92年度年間最優秀選手賞受賞。

1993.5.15
日本プロサッカーリーグ（Jリーグ・サントリーシリーズ）開幕。新主将に選出される。

1993.7.17
第1回オールスター戦MVP受賞。

1993.8.1
タレントの設楽りさ子さんと結婚。

1993.10.28
第15回ワールドカップアメリカ大会・アジア地区最終予選。4得点で得点王になるも、日本代表は第3位で本大会出場ならず。

1993.12.29
夢の球宴『ミラン・クリスマス・スターズ』に世界選抜のFWとして出場。アシストを記録。

参考文献

『ストライカー』1992年10月号
『CADET』1991年4月号
『ザ・テレビジョン』1990年9月14日号
『スコラ』1997年3月27日号
『バート』1994年4月11日号
『J・プレス』1993年7月号
『スーパーサッカー』1993年1月号
1992年11月号
『サッカー・アイ』1991年秋号
『ブルドッグ』1991年10月号
『Jサッカーグランプリ』1993年5月号
1993年8月号
1993年9月号
『週刊ポスト』1999年1月29日号
『サンデー毎日』1991年5月26日号
『週刊文春』1991年2月21日号
1993年3月11日号
1993年3月18日号
1993年3月25日号
1993年4月1日号
1993年4月8日号
1993年4月15日号
1993年11月18日号
1995年6月8日号
1995年6月30日号
2005年8月11・18日号
『MEN'S NON-NO』1991年1月号
『スポーツでーた』1992年11月号
『テレビライフ』1992年11月27日号
『SPUR』1990年11月号
『明星』1992年8月号
『GORO』1990年9月27日号
『週刊読売』1990年10月7日号
1992年7月5日号
『Number』1991年9月20日号
1992年12月20日号
1994年2月3日号
1994年10月13日号
1995年4月27日号
1995年1月19日号
1995年8月31日号

1994.1.16
グランドチャンピオンシップ優勝（対鹿島）。主将としてヴェルディをJリーグ初代チャンピオンに導く。

1994.1.18
Jリーグ初代MVP（初年度最優秀選手賞）、ベストイレブン賞受賞。

1994.1.28
第26回内閣総理大臣杯日本プロスポーツ大賞・大賞受賞。

1994.3.8
全国サッカー担当記者選定93年度年間最優秀選手賞受賞。

1994.7.14
日本代表がアシックスカップサッカー優勝（対ガーナ）。大会最優秀選手賞受賞。

1994.7.28
イタリア・セリエAの『ジェノア』入団（レンタル1年契約）。

1994.12.4
セリエA　アジア人初ゴール（対サンプドリア）。

1994.12.28
『クリスマス・スターズ』2度目の世界選抜出場（対ローマ）。

1995.7
ジェノアからヴェルディ川崎に移籍。

1995.10.10
JOMOカップ95Jリーグドリームマッチ出場。2ゴールでMVP賞受賞。

1995.11
ヴェルディ川崎がニコスシリーズ優勝。95Jリーグベストイレブン賞受賞。

1996.7.14
FIFAオールスターゲーム（ブラジルオリンピック代表 対 FIFAワールドスターズ）に世界選抜の一員としてアジアから唯一出場。

1996.11.21
Jリーグ得点王初受賞。Jリーグベストイレブン賞受賞。

1996.11
AFC（アジアサッカー連盟）月間表彰で、96年11月の月間最優秀選手賞（SANYO Player of the Match）受賞。

1997.11.16
日本代表がワールドカップフランス大会・アジア第3代表決定戦で勝利。ワールドカップ本大会出場決定。

1998.6.2
ワールドカップ最終メンバーから外れる。

1999.1
クロアチア・ザグレブへ移籍。

1999.2.17
クロアチア・リーグ出場。

1999.5.26
クロアチア・ザグレブがクロアチア・リーグ優勝。

1999.5.30
マルセイユでのパパン引退記念試合に世界選抜の一員として出場。

1999.8
京都パープルサンガへ移籍。

2000.2
日本代表に復帰し、香港でのカールスバーグカップ出場。4カ国中3位。

2000.2
日本代表が第12回アジアカップ予選突破。ブルネイ戦で、代表復帰後初ゴール。

2000.5.13
Jリーグ初の通算100ゴール達成。

2000.6
日本代表がモロッコでのハッサン二世杯出場。4カ国中3位。ジャマイカ戦で、1ゴール（国際Aマッチ通算56ゴール）。

2000.8.26
Jリーグ・オールスターサッカー出場。

2000.12
2000Jリーグ優秀選手賞受賞。Jリーグ得点ランキング3位（17得点）。

2001.1.3
アクセンチュアドリームサッカー（日韓オールスターズ vs 世界オールスターズ）出場。

2001.2
ヴィッセル神戸へ移籍。

2005.8
横浜FCへ移籍。

2005.11
シドニーFCへレンタル移籍。日本で行われたFIFA世界クラブ選手権に出場。

2006.1
横浜FCへ移籍。選手兼任の監督補佐に就任する。

『Number』　1996年9月21日号
1997年3月27日号
1997年4月24日号
1997年6月19日号
1997年7月31日号
1997年9月25日号
1999年2月25日号
1999年10月21日号
2001年2月22日号
2001年6月14日号
2002年5月23日号
2002年12月19日号
2005年4月21日号
『SPA!』　1992年4月8日号
1992年6月10日号
『デュエット』　1992年6月号
『英雄神話　Dramatic SPORTS』
2002年12月1日号
『こども時刻表』　平成3年夏号
『SPORTS Yeah!』　2002年5月9日号
『週刊プレイボーイ』　1990年7月10日号
1999年9月28日号
2001年2月13日号
『Gainer』　1994年4月号
『CanCam』　1993年11月号
『VIEWS』　1993年7月14日号
1992年1月22日号
『person』　2002年2月号
『Pee Wee』　1991年6月号
『ドリブ』　1991年3月号
『3分クッキング』　No.90
『月刊プレイボーイ』　4月号
『スターライトヒーロー』　1992年4月号
『朝日小学生新聞』　1993年1月1日付
『朝日中学生ウィークリー』　1993年1月1日号
『東京中日スポーツ』　1993年1月1日付
『奥さまもしもししんぶん』　1993年1月5日付
『報知新聞』　1992年2月20日付
1993年1月1日付
『ACT』　1991年10月1日号
『DIME』　1992年5月7日号
『STAR soccer』　2005年2月12日号